BEI GRIN MACHT SICH IHR WISSEN BEZAHLT

- Wir veröffentlichen Ihre Hausarbeit,
  Bachelor- und Masterarbeit

- Ihr eigenes eBook und Buch -
  weltweit in allen wichtigen Shops

- Verdienen Sie an jedem Verkauf

Jetzt bei www.GRIN.com hochladen und kostenlos publizieren

Ortrud Neuhof

Zur Bedeutung der Bezeichnung 'Idiot' für Jesus bei Friedrich Nietzsche

GRIN Verlag

Bibliografische Information der Deutschen Nationalbibliothek:

Die Deutsche Bibliothek verzeichnet diese Publikation in der Deutschen National-
bibliografie; detaillierte bibliografische Daten sind im Internet über http://dnb.d-
nb.de/ abrufbar.

Impressum:

Copyright © 2002 GRIN Verlag GmbH
Druck und Bindung: Books on Demand GmbH, Norderstedt Germany
ISBN: 978-3-638-91027-9

Dieses Buch bei GRIN:

http://www.grin.com/de/e-book/81601/zur-bedeutung-der-bezeichnung-idiot-fuer-
jesus-bei-friedrich-nietzsche

GRIN - Your knowledge has value

Der GRIN Verlag publiziert seit 1998 wissenschaftliche Arbeiten von Studenten, Hochschullehrern und anderen Akademikern als eBook und gedrucktes Buch. Die Verlagswebsite www.grin.com ist die ideale Plattform zur Veröffentlichung von Hausarbeiten, Abschlussarbeiten, wissenschaftlichen Aufsätzen, Dissertationen und Fachbüchern.

Besuchen Sie uns im Internet:

http://www.grin.com/

http://www.facebook.com/grincom

http://www.twitter.com/grin_com

Ortrud Neuhof

Langenhagen, den 25.11.2002

Thema der Arbeit

Zur Bedeutung der Bezeichnung Idiot
für Jesus
bei Friedrich Nietzsche

im Rahmen der Lehrveranstaltung im WS 2002/2003
Nietzsche: Antichrist

Inhaltsverzeichnis

Zur Bedeutung der Bezeichnung "Idiot" für Jesus
bei Friedrich Nietzsche

1. Einleitung

In seiner Schrift *Nietzsche zu Einführung* bemerkt *Wiebrecht Ries:* "Nietzsches im September 1888 geschriebene Kampfschrift *Der Antichrist* - ursprünglich von ihm als erstes Buch der geplanten 'Umwertung aller Werte' - konzipiert - ist einer der schärfsten Angriffe auf Christentum und Staatskirche, die im 19. Jahrhundert verfasst wurden."[1]

Karl Löwith sieht „den *,Antichrist'* im Zusammenhang mit Nietzsches ganzer Entwicklung" und als „das Ende einer Kritik, die schon mit den ,Unzeitgemäßen Betrachtungen' einsetzte". Er sei von daher „kein ursprüngliches ,Skandalon.'"[2] Doch gibt es in dieser Schrift einen Begriff, der auch heute noch als Skandalon gewertet werden kann. Es handelt sich um den auf Jesus bezogenen Begriff „Idiot". Denn der Begriff Idiot ist als Schimpfwort in den Sprachgebrauch eingegangen. Die hier vorliegende Arbeit verfolgt die Bedeutung dieses Begriffs und untersucht die Motivation seiner Anwendung auf Jesus durch Nietzsche. Die Untersuchung stützt sich in erster Linie auf den historisch-philosophischen Kommentar *Friedrich Nietzsches ,Der Antichrist'* von *Andreas Urs Sommer* und auf zwei Schriften des Theologen *Eugen Biser: Nietzsche für Christen* und *Nietzsche Zerstörer oder Erneuerer des Christentums?.*

2. Hauptteil

In seinem Werk *Der Antichrist (1888),* dem *Eugen Biser* eine hemmungslose Sprachpolemik unterstellt, gebraucht Nietzsche für Jesus den Begriff "Idiot". Nietzsche schreibt:

"Unser ganzer Begriff, unser Cultur-Begriff 'Geist' hat in der Welt, in der Jesus lebt, gar keinen Sinn. Mit der Strenge des Physiologen gesprochen, wäre hier ein ganz andres Wort eher noch am Platz: das Wort Idiot."[3]

---

[1] Ries, Wiebrecht: Nietzsche zur Einführung, (1995), S. 89.
[2] Löwith, Karl: Von Hegel zu Nietzsche, (1995), S. 393.
[3] Nietzsche, Friedrich: KSA 6, Der Antichrist, (1999), S. 200.

4

Dem Nietzsche-Archiv war dieser Vergleich derartig in die Knochen gefahren, „dass es die Stelle in den Erstausgaben unterdrückte".[4] Die Reaktion des Archivs auf diese als blasphemisch zu wertende Bezeichnung für Jesus ist nur zu verständlich. Sowohl z. Zt. der Veröffentlichung des *Antichrist* als auch in der Gegenwart, wird der Begriff Idiot als Schimpfwort betrachtet und eingesetzt. Damit wird die Sinnentleerung eines Begriffs deutlich, der ursprünglich eine andere Bedeutung hatte.

Nach Angabe des *Etymologischen Wörterbuchs* von *Kluge* stammt er aus dem Griechischen. Das Adjektiv *idios* heißt übersetzt 'eigen'. *Idiotes* ist die Bezeichnung für 'Privatmann, Laie (in Staatsgeschäften)'. „In dieser Bedeutung im 16. Jahrhundert entlehnt, wird Idiot bis in das 19. Jahrhundert hinein ohne Vorwurf gebraucht." Aus der harmlosen Bedeutung 'laienhaft, unsachlich' verwendete *Paracelsus 1526* Idiot und idiotisch im Sinne von 'verrückt' und 'sinnlos'.[5] Der französische Arzt *Philippe Pinel (1745-1826)* bezeichnete „den Idiotismus als Auslöschung und Verkümmerung aller Verstandes- und Empfindungsvermögen."[6]

2.1 Idiot als psychiatrischer Begriff und die Krankheit Epilepsie

Für die Psychiatrie der Gegenwart ist Idiotie die Bezeichnung des höchsten Grades von Schwachsinn.[7] *Eugen Bleuler (1857-1939)* sieht in häufigen leichten Schwachsinnsformen "Beziehungen zum Infantilismus und zur verspäteten Pubertät". Beim Infantilismus steht „das Erhaltenbleiben kindlicher Eigenschaften im Vordergrund."[8] Zudem sei „rührende Anteilnahme am Leid anderer" bei Schwachsinnigen zu beobachten. Man müsse sie vor „Verachtung, Verstoßung, Verwahrlosung und Misshandlungen" schützen.[9]

Nietzsche scheint das, was er unter Idiotie versteht, mit dem Krankheitsbild der Epilepsie zu verbinden. Bereits in § 21 setzt er den Begriff "Epilepsoiden"[10] für im Christentum höchstbegehrte und mit höchsten Namen bezeichnete Zustände ein[11]. Es scheint sich bei diesen Zuständen um Ekstasen zu handeln, die häufig mit Visionen

4

[4]Biser, Eugen: Nietzsche für Christen, (2000), S. 54-55.
[5]Kluge, Friedrich: Etymologisches Wörterbuch der deutschen Sprache, (1963) S. 323.
[6]Ziolkowski, Theodore: Das Amt der Poeten, Die deutsche Romantik und ihre Institutionen, (1994), S. 188.
[7]Peters, Uwe Henrik: Wörterbuch der Psychiatrie und medizinischen Psychologie, (1977), S. 248.
[8]Bleuler, Eugen: Lehrbuch der Psychiatrie, (1969), S. 578.
[9]Bleuler, Eugen: Lehrbuch der Psychiatrie, (1969), S. 574.
[10]Die Psychiatrie verwendet den Begriff „epileptoid", dies in Zusammenhang mit epileptoiden Krankheiten, beispielsweise episodischen Dämmerzuständen. Diese Krankheiten waren bis 1920 der Epilepsie zugeordnet worden. Peters, Uwe Henrik, Lexikon Psychiatrie Psychotherapie Medizinische Psychologie, (2000), S. 178.
[11]Nietzsche, Friedrich: KSA 6, Der Antichrist, (1999), S. 188.

5

und Offenbarungen verbunden waren. Nietzsche zufolge bedient man sich zu diesem Zweck einer Diät (wohl eine asketische Übung), die so gewährt wird, „dass sie morbide Erscheinungen begünstigt und die Nerven überreizt."[12] Möglicherweise waren Nietzsche auch Aurabeschreibungen bekannt, Beschreibungen eines Zustandes, der epileptischen Anfällen vorausgehen kann. Die Aura des Fürsten Myschkin, eines Epileptikers, Hauptfigur des Romans *Der Idiot* von *Fjodor Dostojewskij*, wird nachfolgend so geschildert:

[...]"er stand da in einem nahezu mystischen Schreck. Noch ein Augenblick ... und es war ihm, als ob alles sich vor ihm zu weiten anfange, statt des Entsetzens - trat Licht vor ihn und Freude, Ekstase"[13].

Peters zufolge ist die Krankheit Epilepsie ein Anfallsleiden. Sie ist der „Oberbegriff für ätiologisch verschiedene Krankheitszustände." Deren gemeinsames Symptom ist „das wiederholte Auftreten hirnorganisch bedingter (epileptischer) Anfälle."[14] Sie wird als genuine Epilepsie dann bezeichnet, wenn keine Ursachen nachweisbar sind.[15] "In den schwersten Fällen führt sie entweder zum Tode (im Status epilepticus oder durch Verletzungen in den Anfällen) oder zum schwersten chronischen Siechtum in Geisteskrankheit und Verblödung."[16] Wesensveränderungen sind bekannt, werden jedoch nur zum Teil mit einer zunehmenden Hirnschädigung in Zusammenhang gebracht, sondern „als psychologisch verständliche Reaktion und Persönlichkeitsveränderung auf alles Leid", das diesen Kranken auferlegt wird, gewertet. Gereizte Verstimmungen sind bei Epileptikern bekannt, die so schwer werden können, dass Dämmer- und Schlafkuren angezeigt sind.[17]

Der Begriff "Idiot", den Nietzsche offensichtlich in Verbindung mit einem an Epilepsie Erkrankten einsetzt, ist im *Der Antichrist* pathologisch gemeint. Darauf deute eine Vorstufe zu § 29 hin, eine Vorstufe, auf der „Jesu Idiotie näher umrissen wird", schreibt *Sommer.*[18]

Nietzsche äußerst sich dabei nachfolgend so:

"T y p u s 'J e s u s '...
Jesus ist das G e g e n s t ü c k e i n e s G e n i e s : er ist ein I d i o t . Man fühle seine Unfähigkeit, eine Realität zu verstehen: er bewegt sich im Kreise um fünf, sechs Begriffe, die er früher gehört und allmählich verstanden, d. h. falsch verstanden hat - in ihnen hat er seine Erfahrung, seine Welt, seine

---

[12] Nietzsche, Friedrich: KSA 6, Der Antichrist, (1999), S. 188.
[13]Dostojewski, F. M.: Der Idiot, (1958), S. 836.
[14]Peters, Uwe Henrik: Wörterbuch der Psychiatrie und medizinischen Psychologie, (1977), S. 156.
[15]Peters, Uwe Henrik: Wörterbuch der Psychiatrie und medizinischen Psychologie, (1977), S. 158.
[16]Bleuler, Eugen: Lehrbuch der Psychiatrie, (1969), S. 350.
[17]Bleuler, Eugen: Lehrbuch der Psychiatrie, (1969), S. 364, 365.
[18]Sommer, Andreas Urs: Friedrich Nietzsches "Der Antichrist", (2000), S. 301.

Wahrheit, - der Rest ist ihm fremd. Er spricht Worte, wie sie Jedermann braucht - er versteht sie nicht wie Jedermann, er versteht nur seine fünf, sechs schwimmenden Begriffe. Daß die eigentlichen Manns-Instinkte - nicht nur die geschlechtlichen, sondern auch die des Kampfes, des Stolzes, des Heroismus - nie bei ihm aufgewacht sind, dass er zurückgeblieben ist und kindhaft im Alter der Pubertät geblieben ist: das gehört zum Typus gewisser epilepsoider Neurosen. Jesus ist in seinen tiefsten Instinkten unheroisch: kämpft nie: wer etwas wie einen Held in ihm sieht, wie Renan, hat den Typus vulgärisirt ins Unerkenntliche. man fühle andererseits seine Unfähigkeit, etwas Geistiges zu verstehen: das Wort Geist wird in seinem Munde zum Mißverständnis! Nicht der entfernteste Hauch von Wissenschaft, Geschmack, geistiger Zucht, Logik hat diesen geistigen Idioten angeweht: so wenig als ihn das Leben berührt hat.- Natur? Gesetze der Natur? - Niemand hat ihm verrathen daß es eine Natur giebt. Er kennt nur moralische Wirkungen: Zeichen der untersten und absurdesten Cultur. Man muß das festhalten: er ist I d i o t inmitten eines sehr klugen Volkes ... Nur daß seine Schüler es nicht waren - Paulus war ganz und gar kein Idiot! - daran hängt die Geschichte des Christenthums."[19]

Entgegen den Auffassungen *Eugen Bisers*[20], Martin Dibelius[21] und *Karl Jaspers,*[22] scheint Nietzsche die Gestalt des *Fürsten Myschkin*, diese christusähnliche Figur aus dem Roman *Der Idiot* von *Fjodor Dostojewskij*, bekannt gewesen zu sein.

Im *Antichrist* beschreibt Nietzsche in § 31 die Welt der ersten christlichen Gemeinde und vergleicht sie mit dem von *Dostojewskij* in seinen Romanen geschilderten russischen Milieu wenn er schreibt:

"Jene seltsame und kranke Welt, in die uns die Evangelien einführen, - eine Welt, wie aus einem russischen Roman, in der sich Auswurf der Gesellschaft, Nervenleiden und 'kindliches' Idiotenthum ein Stelldichein zu geben scheinen - muss unter allen Umständen den Typus v e r g r ö b e r t haben:"[23]

Sommers Aussagen nach macht eine Nachlassnotiz vom Frühjahr 1888 alle Spekulation darüber, „ob Nietzsche von *Dostojewskis* „*Idiot*" gehört hat, hinfällig."[24] Das beweist allerdings nicht, dass er ihn selbst gelesen hat.

---

[19]Nietzsche, Friedrich: KSA 13, NL 1887-1889, 14[38], (1999), S. 237.
[20]Biser, Eugen: Nietzsche für Christen, (2000), S. 63.
[21]Dibelius, Martin: Der psychologische Typus des Erlösers bei Friedrich Nietzsche, *in* (Hg. Kluckhohn, Paul, Rothacker, Erich):Deutsche Vierteljahresschrift für Literaturwissenschaft und Geistesgeschichte, Jg. 22, (1944), S. 61-91, - S. 72: „[...] die Frage, ob Nietzsche den ‚Idiot' des russischen Dichters gekannt habe. Sie ist mit großer Wahrscheinlichkeit zu verneinen.", Sommer, Andreas Urs: Friedrich Nietzsches "Der Antichrist", (2000), S. 288.
[22]Jaspers, Karl: Nietzsche und das Christentum, (1952), S. 22, „Ob Nietzsche Dostojewskis ‚Idioten' gelesen hat, ist zweifelhaft. Die erste deutsche Übersetzung erschien erst 1889, konnte also von Nietzsche nicht gekannt sein, Ob eine französische Übersetzung schon existierte, und ob sie in seine Hände gekommen ist, kann ich nicht feststellen, auch nicht, ob etwa nur der Titel ‚Idiot' ihm zu Ohren gekommen ist, oder, ob es sich ohne alle Kenntnis seitens Nietzsches um eine verwunderliche Koinzidenz handelt. – Die Worte 'das Wort Idiot' wurden in der Ausgabe von der Schwester unterdrückt; sie sind durch Hofmiller bekannt geworden."
[23]Nietzsche, Friedrich: KSA 6, Der Antichrist, (1999), S. 201, 202.
[24]Sommer, Andreas Urs: Friedrich Nietzsches "Der Antichrist", (2000), S. 317.

Nietzsche schreibt:

"Jesus: Dostoiewsky
Ich kenne nur Einen Psychologen, der in der Welt gelebt hat, wo das Christentum möglich ist, wo ein
Christus jeden Augenblick entstehen kann ... Das ist Dostoiewsky. Er hat Christus e r r a t h e n : - und
instinktiv ist er vor allem behütet geblieben diesen Typus sich mit der Vulgarität Renans vorzustellen
... Und in Paris glaubt man, daß Renan an zu vielen finesses leidet! ... Aber kann man ärger
fehlgreifen, als wenn man aus Christus, der ein Idiot war, ein Genie macht? Wenn man aus Christus,
der den Gegensatz eines heroischen Gefühls darstellt, einen Helden herauslügt?"[25]

Der von Nietzsche hier kritisierte Religionswissenschaftler *Ernest Renan* hatte ein

Buch, *Leben Jesu,* herausgebracht, welches großes Aufsehen erregte und Jesus als

religiösen Willensmensch und idealen Anarchist darstellt.

Sommer berichtet, dass *Brandes,* ein dänischer Zeit- und Literaturkritiker, mit dem

Nietzsche in Kontakt stand, am 16. Nov. 1888 Nietzsche vor *Dostojewskij* gewarnt

hatte. Dieser sei ein großer Poet doch ein abscheulicher Kerl, "ganz christlich in

seinem Gefühlsleben und ganz sadique." Seine Moral sei das, was Nietzsche als

Sklavenmoral bezeichnet habe.[26] *Sommer* schreibt weiter, dass zu diesem Zeitpunkt

die Psychologie des Erlösers bereits in der Reinschrift vorlag. Deutlich erkennbar

daraus sei, dass Nietzsche *Dostojewskij* für die Psychologie des Erlösers benutzen

konnte.[27]

Zur Verdeutlichung dieser von *Dostojewskij* meisterhaft gestalteten christusähnlichen

Figur soll Fürst Myschkin aus dem Roman *Der Idiot* kurz vorgestellt werden.

2.2 Darstellung des Fürsten Myschkin

„Der Hauptgedanke des Romans [..] ist die Darstellung des im positiven Sinne

schönen Menschen." Schönheit ist hier „keine ästhetische Fiktion", sondern zu

verstehen als „Sein von höchster sittlicher Kraft."[28] *Julius Meier-Graefe* schreibt,

dass diese „einzige ‚positiv schöne Gestalt' unserer Welt," als ‚der absolut schöne

Mensch,'" für den Dichter Christus ist. *Dostojewskij* glaube, dass Christus mit seiner

Schönheit die Menschheit erlöst. Dieser Glaube *Dostojewskijs* bezeichne seine

Religion.[29]

---

[25]Nietzsche, Friedrich: KSA 13, Nachlaß 1887-1889, (15[9], (1999), S. 409.
[26]Nietzsche, Friedrich: KGB III/6, S. 352, Sommer, Andreas Urs: Friedrich Nietzsches "Der
Antichrist", (2000), S. 316.
[27]Sommer, Andreas Urs: Friedrich Nietzsches "Der Antichrist", (2000), S. 316, 317.
[28]Dostoevski Idiot *in* (Hg. Jens, Walter, Chefredaktion Radler, Rudolf), Kindlers Neues Literatur
Lexikon, Band 4, (1989), S. 811.
[29]Meier-Graefe, Julius: Dostojewski, Der Dichter, (1988), S. 181.

Diese Schönheit offenbart sich in der Gestalt des Fürsten Myschkin. *Meier-Graefe* schreibt, dass Fürst Myschkin etwas von Christus hat. Es sei „das Wesentliche und einzig Darstellbare, das bis zu diesem Werk *Dostojewskijs* nicht darstellbar schien." Gemeint damit ist eine Schönheit des Herzens.[30] Die Gefahr der Rolle liege "in der Frage nach der Intelligenz eines solchen Menschen." Das was man alle Tage unter Intellekt verstehe, als eine "besonders verwendbare Form des Verstandes" sei "für den Kampf ums Dasein, für die Exploitation des Nächsten geeignet." Diese Form des Intellekts dürfe der Idiot nicht haben, da "eine Trübung der Schönheit damit unweigerlich verbunden" sei. Er müsse jedoch einen Intellekt, einen Geist besitzen, der imstande sei in die Sphäre des Anderen hineinzureichen, "ohne sich zu beflecken." *Meier-Graefe* spricht von einer "Bedingtheit des Intellekts." *Dostojewskij* habe im Zusammenhang mit der 'positiven Schönheit' auf den *Don Quichotte* von *Cervantes* hingewiesen, als dem "verspotteten Schönen"[31] *Don Quichotte* zählte für *Dostojewskij* zu den literarischen Nachfolgern Christi. In seinen eigenen Entwürfen zu dem Roman der Idiot hat er seinen Helden, den Fürsten Myschkin 'Fürst Christus' genannt.[32] *Meier-Graefe* bemerkt dazu, da es ganz ohne Lächerlichkeit bei der Gestalt des Idioten nicht abgehe, alles Karikierende jedoch zu vermeiden sei, bedürfe der Held eines Schleiers. Er bedürfe eines Heilandhaften als Ausdruck der erhöhenden Wirkung eines Menschen auf andere. Was wir an Christus "am meisten lieben," sieht *Meier-Graefe*, in seiner allwissenden "Unberührtheit." Menschen können sie besitzen, besonders Kinder. *Dostojewskij* habe der Gestalt des Fürsten Myschkin etwas von dieser Unberührtheit gegeben.[33] Sie zeigt sich im Wesen dieses Menschen, der in früher Jugend erkrankte und Jahre seines Lebens wie in einem Kokon in der Nervenklinik eines kleinen Ortes in der Schweiz verbrachte. Unberührt von den Einflüssen, denen Jugendliche auf ihrem Weg in das Erwachsenenalter ausgesetzt sind, hat er sich im Kontakt mit Kindern Unberührtheit bewahren können, so dass er von überlieferten Werturteilen frei ist. Fürst Myschkin ist Epileptiker. Diese Krankheit geht mit Anfällen einher, die das Gedächtnis zerrütten. Sicher vor Anfällen ist er noch immer nicht.

Meier-Graefe sieht den Roman *Der Idiot* nicht als sauberen Stoff an, sondern als tiefere Dichtung. Die Erfindung bewege sich auf höherem Felde. In dem Roman

---

[30]Meier-Graefe, Julius: Dostojewski, Der Dichter, (1988), S. 182.
[31]Meier-Graefe, Julius: Dostojewski, Der Dichter, (1988), S. 182.
[32]Dostoevski Idiot, *in* (Hg. Jens, Walter, Chefredaktion Radler, Rudolf), Kindlers Neues Literatur Lexikon, Band 4, (1989), S. 811, Kindlers Neues Literatur Lexikon, Band 4, (1989), S. 811.
[33]Meier-Graefe, Julius: Dostojewski, Der Dichter, (1988), S. 182, 183.

ereignen sich wilde Dinge und "es wimmelt von Anomalien,"[34]schreibt er. Der Kern des Gegenstandes jedoch sei „sehr einfach und still." "Inmitten handgreiflicher Alltäglichkeiten blüht das Wunder. Ein Christus geht durch den Alltag."[35] Um zu zeigen, "wie sehr der heillose Zustand irdischer Verhältnisse des Guten und Reinen bedarf," zeichnet *Dostojewskij* den Idioten als eine sich in selbstloser Liebe erfüllende Existenz unter den weiteren Gestalten seines Romans.[36]

Am 1. Januar 1868 berichtet *Dostojewskij* seiner Nichte *Sofia Alexandrowna* von seiner Arbeit an dem Roman und schreibt zu der Figur des Fürsten Myschkin:

"Die Grundidee ist die Darstellung eines wahrhaft vollkommenen und schönen Menschen. Und dies ist schwieriger als irgend etwas in der Welt, besonders aber heutzutage...,die Darstellung des Positiv-Schönen ist unendlich schwer. Das Schöne ist das Ideal; das Ideal steht aber bei uns wie im zivilisierten Europa noch lange nicht fest. Es gibt in der Welt nur eine einzige positiv schöne Gestalt: Christus; diese unendlich schöne Gestalt ist selbstverständlich ein unendliches Wunder (das ganze Evangelium Johannis ist von diesem Gedanken erfüllt: Johannes sieht das Wunder in der Fleischwerdung, in der Erscheinung des Schönen)."[37]

Romano Guardini stellt fest, dass die Absicht *Dostojewskijs* nicht darauf abzielt einen Christen darzustellen, auch wenn dieser ungewöhnlich ist, sondern dass in dieser Figur die Gegenwart von Christus fühlbar werden soll.[38] *Dostojewskijs* Kunst habe es verstanden, aus einem Menschen "die Gestalt außermenschlicher Existenz hervortreten zu lassen."[39]

2.3 Die Psychologie des Erlösers

Jesus wird im *Antichrist* von § 28 - § 35 eine detaillierte "Psychologie des Erlösers" gewidmet.[40]

Nietzsche leitet den § 29 mit folgender Aussage ein:

"Was mich angeht, ist der psychologische Typus des Erlösers."[41]

Im Gegensatz zu der Jesusgestalt, die bei *Dostojewskij* in mildem Licht erscheint, akzentuiert Nietzsche ihn durch eine Überbetonung der pathologischen Züge unter Zuhilfenahme der Psychologie. *Sommer* spricht davon, dass "Jesus nicht mehr der Identifikationspotential bietende Held eines russischen Romans" sein soll, sondern

---

[34]Meier-Graefe, Julius: Dostojewski, Der Dichter, (1988), S. 184.

[35]Meier-Graefe, Julius: Dostojewski, Der Dichter, (1988), S. 185.

[36]Dostoevski Idiot, *in* (Hg. Jens, Walter, Chefredaktion Radler, Rudolf), Kindlers Neues Literatur Lexikon, Band 4, (1989), S. 811.

[37]Dostojewskij, F. M.: Briefe, (1914), S. 124, 125.

[38]Guardini, Romano: Religiöse Gestalten in Dostojewkijs Werk, (1989), S. 266.

[39]Guardini, Romano: Religiöse Gestalten in Dostojewkijs Werk, (1989), S. 301.

[40]Sommer, Andreas Urs: Friedrich Nietzsches "Der Antichrist", (2000), S. 233.

[41]Nietzsche, Friedrich: KSA 6, Der Antichrist, (1999), S. 199.

10

als "ein Fall für den Irrenarzt" vorgestellt wird.[42] Das Ziel dieses Vorgehens ist die Vermenschlichung Jesu. *Sommer* geht davon aus, dass es Nietzsche mit seiner Psychologie des Erlösers darauf ankam, ihm seine Erlöserfunktion abzusprechen. Er argumentiert, dass dann, „wenn der Erlöser Gegenstand der menschlich-allzumenschlichen Disziplin der Psychologie werden kann", der versprochenen Erlösung keine Bedeutung mehr zukommt. Zur Debatte steht somit die Psyche des *décadent* Jesu, von dem kein Weltenheil zu erwarten sei.[43] *Sommer* argumentiert, dass Nietzsches Psychologie des Erlösers keine Leben-Jesu-Untersuchung sein soll. Um Jesu Individualität und Unverwechselbarkeit sei es ihm bei seinen Überlegungen nicht gegangen. Denn er habe bei seinen Erläuterungen nicht Jesus allein im Blick gehabt, sondern einen bestimmten Typus, dem auch Jesus zuzurechnen sei. Nietzsche zufolge präge sich im *Typus* des Erlösers eine „bestimmte moral- und geistesgeschichtliche Konstellation" aus.[44] In § 29 erkennt Nietzsche diesen Typus auch in *Franciscus von Assisi*,[45] von dem er, an anderer Stelle aussagt, er sei "(neurotisch, epileptisch, Visionär, wie Jesus)."[46] Nach Ansicht *Sommers* weist allein Nietzsches Verwendung des Wortes Typus darauf hin, dass eine Einfühlung in den Mann aus Nazareth so verhindert wird, und dass statt dessen einem den Naturwissenschaften und der Medizin aufgeschlossenen Publikum eine Konstruktion aus Physiologie und Psychologie vorgestellt werden soll. Von daher komme es ihm in seinen Ausführungen darauf an, die Jesusfigur als pathologischen Fall zu behandeln.[47] Auf diese Weise kann er sich auch von der Auffassung *Renans* von Jesus als Held oder als Genie absetzen. Denn Jesus ist für Nietzsche das genaue Gegenteil eines Helden: unfähig zum Kampf, sanftmütig, feindseliger Gefühle nicht fähig, in der Liebe ohne Distanz; eine Gestalt, die in ihre Gotteskindschaft alle Menschen mit einbezieht. Für ihn ist er gleichfalls das genaue Gegenteil eines Genies. Diesen Begriff, auf Jesus angewendet, hält Nietzsche für ein Missverständnis. Nietzsche schreibt, dass in der Welt, in der Jesus lebt, der Kultur-Begriff Geist keinen Sinn hat. Mit der Strenge des Physiologen sei hier ein ganz anderer Begriff eher am Platz, "das Wort Idiot."[48] Mit diesem Begriff wird ein Menschentypus auf eine physiologische Basis gestellt und dann gewertet. Diesem

[42]Sommer, Andreas Urs: Friedrich Nietzsches "Der Antichrist", (2000), S. 290.
[43]Sommer, Andreas Urs: Friedrich Nietzsches "Der Antichrist", (2000), S. 281.
[44]Sommer, Andreas Urs: Friedrich Nietzsches "Der Antichrist", (2000), S. 285.
[45]Nietzsche, Friedrich: KSA 6, Der Antichrist, (1999), S. 199.
[46]Nietzsche, Friedrich: KSA 13: Nachlass 1887-1889 (11[363]-13, S. 160, Sommer, S. 304.
[47]Sommer, Andreas Urs: Friedrich Nietzsches "Der Antichrist", (2000), S. 287-301.
[48]Nietzsche, Friedrich: KSA 6, Der Antichrist, (1999), S. 200.

11

Menschentypus unterstellt er eine krankhafte Reizbarkeit des Tastsinns, eine Reizbarkeit, die zu einer Scheu allem festen Gegenständlichen gegenüber prädestiniere. Erblickt wird in diesem Typus ein „physiologischer habitus", der "als Instinkt-Hass gegen jede Realität" einen Widerwillen gegen alles Feste entwickelt habe; "gegen jede Formel, jeden Zeit- und Raumbegriff," gegen „Sitte, Institution, und Kirche," und ins ‚Unfaßliche', ‚Unbegreifliche' flüchtet. Ein solcher Typus ist für Nietzsche zuhause in einer Welt, die unreal geworden ist. Diese Welt werde aufgefasst als eine bloß noch innere Welt, als wahre Welt, als ewige Welt, als „das Reich Gottes i n e u c h ."[49]

2.4 Der "heilige Anarchist" und "politischer Verbrecher"

Sommer entdeckt nicht nur in der Pathologisierung Jesu, sondern auch in seiner Herausstellung als Anarchist eine strategische Absicht Nietzsches.[50] Jesus soll auf ein menschliches Maß reduziert werden. Denn Nietzsche erblickt in Jesus nicht nur den Idioten, sondern auch den heiligen Anarchisten, der "das niedere Volk, die Ausgestoßenen und ‚Sünder', die Tschandala innerhalb des Judentums zum Widerspruch gegen die herrschende Ordnung aufrief." Er sieht ihn in dieser Funktion als politischen Verbrecher. Dafür sagt er, wurde er an das Kreuz genagelt. "Er starb für s e i n e Schuld."[51] Wenn Jesus jedoch gestorben ist, „weil er politisch kriminell wurde, leidet seine Messianität gefährliche Einbusse."[52] Denn Jesus als 'politischer Verbrecher,' so *Sommer*, „ist ein kleiner Rebell, eine sonderbare Erscheinung in der Geschichte des Judentums" und wurde „durch schieren Zufall zu einer Schlüsselfigur der Weltgeschichte."[53] Er kann somit in die Rolle eines Messias nicht mehr schlüpfen und die Rolle als Weltenrichter ist nicht mehr denkbar.

Sommer zufolge war *Heinrich Heines* Unterredung des lyrischen Ich mit Christus Nietzsche bekannt.[54]

In der fünften Strophe dieses Gedichtes heißt es:

"Mit Wehmut erfüllt mich jedesmal
Dein Anblick, mein armer Vetter,
Der du die Welt erlösen gewollt,
Du Narr, du Menschheitsretter!"

---

[49]Nietzsche, Friedrich: KSA 6, Der Antichrist, (1999), S. 200.
[50]Sommer, Andreas Urs: Friedrich Nietzsches "Der Antichrist", (2000), S. 272.
[51]Nietzsche, Friedrich: KSA 6, Der Antichrist, (1999), S. 198.
[52]Sommer, Andreas Urs: Friedrich Nietzsches "Der Antichrist", (2000), S. 272.
[53]Sommer, Andreas Urs: Friedrich Nietzsches "Der Antichrist", (2000), S. 271.
[54]Sommer, Andreas Urs: Friedrich Nietzsches "Der Antichrist", (2000), S. 273.

Und in der zehnten und letzten Strophe heißt es abschließend:

"Geldwechsler, Banquiers, hast du sogar
Mit der Peitsche gejagt aus dem Tempel -
Unglücklicher Schwärmer, jetzt hängst Du am Kreuz
Als warnendes Exempel!"[55]

Sommer ist zu entnehmen, dass ein „enttheologisierter Blick auf die Evangelien-Berichte über Jesu Wirken" bei beiden, sowohl bei *Heine* als auch bei Nietzsche, "ein neues Gespür für die innerweltliche Dimension der Jesu zugeschriebenen Verkündigung" sichtbar werden lässt.[56] Der Anarchismusverdacht wird von ihm als die Aussenperspektive auf Jesu gewertet, während die Psychologie des Erlösers als seine Innenansicht zu rekonstruieren sei.[57]

Jesus als Erlösertypus wird konfrontiert mit einem Menschentypus, der Nietzsche erstrebenswert erscheint. Dieser ist für ihn der Höherwertige, Lebenswürdigere, Zukunftsgewissere.[58] Es ist ein höherer Typus im Verhältnis zur Gesamtmenschheit, "eine Art Übermensch." Nietzsche zufolge hat das Christentum "einen Todkrieg gegen diesen höheren Typus Mensch gemacht [...]"

„Das Christentum hat die Partei alles Schwachen, Niedrigen, Missrathnen genommen, es hat ein Ideal aus dem W i d e r s p r u c h gegen die Erhaltungs-Instinkte des starken Lebens gemacht;"[59]

Dieser höhere Typus Mensch, dieser Übermensch, passt in die Welt des Christentums nicht hinein. Für Nietzsche ist das Christentum die Ursache des Dekadenzphänomens. Sie wird als Krankheit gesehen, deren Verlauf zudem noch mit einer stark ausgeprägten Lebensdauer ausgestattet ist. Aus § 51 wird ersichtlich, dass sie "erst nach qualvoll-langen Umwegen zum Tode - zum Tode aller" führt, so *Sommer*.[60] Alles was das Leben steigert, alle Lust, wird von Nietzsche positiv gewertet, aller Zwang als krank machend verurteilt. In diesen Zusammenhang gestellt, wird die Kritik der kantischen Pflichtethik verständlich. *Kants* Entwicklung zu einem Idioten wird in diesem Kontext als Negativbeispiel angeführt:

---

[55]Heine, Heinrich:, Sämtliche Werke, Zweiter Band (o. J.), Deutschland, Ein Wintermärchen, Kaput XIII, S. 456-457.
[56]Sommer, Andreas Urs: Friedrich Nietzsches "Der Antichrist", (2000), S. 275.
[57]Sommer, Andreas Urs: Friedrich Nietzsches "Der Antichrist", (2000), S. 276.
[58]Nietzsche, Friedrich: KSA 6, Der Antichrist, (1999), S. 170.
[59]Nietzsche, Friedrich: KSA 6, Der Antichrist, (1999), S. 171
[60]Sommer, Andreas Urs: Friedrich Nietzsches "Der Antichrist", (2000), S. 490.

"Was zerstört schneller als ohne innere Nothwendigkeit, ohne eine tief persönliche Wahl, ohne L u s t arbeiten, denken, fühlen? als Automat der 'Pflicht'? Es ist geradezu das R e c e p t zur décadence, selbst zum Idiotismus ... Kant wurde Idiot."[61]

Anlass zu dieser Aussage scheint für Nietzsche die bei *Kant* im Alter aufgetretene Demenz gewesen zu sein.

Kant als Moralist soll durch diese Kritik verurteilt werden, schreibt *Sommer*. Kants praktische Philosophie hypostasiere die Vernunft zu einer Instanz, welche darüber zu befinden habe, „was ihre Pflicht sei." Das Individuelle löse sich zugunsten einer allgemeinen Vernunft auf, es komme zur Zurückstellung der Interessen weil die Pflicht keine Rücksicht auf sinnliche Antriebe nehmen dürfe. Der *Antichrist* hält diesen Aspekt der kantischen Ethik für lebensgefährlich. Denn Lust sei in dieser Ethik geradezu unethisch,[62] so *Sommer*.

Es gibt unterschiedliche Vermutungen darüber, was Nietzsche veranlasst haben könnte, Jesus mit dem Begriff "Idiot" zu belegen. Dies soll anhand folgender Beispiele dargelegt werden:[63]

In der Schrift des Celsus *Gegen die Christen,* die von *Theodor Keim* aus dem Griechischen übersetzt wurde, hatte bereits dieser Jesus einen 'idiotischen Charakter' attestiert.[64]

Bei *Dibelius* wird der 'Idiot' zum Gegenteil des höheren geistigen Menschen. Unter 'Idiot' sei ein Mensch ohne Kultur zu verstehen.[65]

Roos wehrt sich gegen die Pazifizierung dieser Antichrist-Stelle. Nietzsche sei "über den milden Sinn," den dieser Begriff noch bei Dostojewskij gehabt habe, hinausgegangen. Der Begriff 'Idiot' habe für Nietzsche Schimpfwert besessen. Und als Schimpfwort habe er auch bewusst schockieren sollen.[66]

---

[61]Nietzsche, Friedrich: KSA 6, Der Antichrist, (1999), S. 177.

[62]Sommer, Andreas Urs: Friedrich Nietzsches "Der Antichrist", (2000), S. 147.

[63]Sommer, Andreas Urs: Friedrich Nietzsches "Der Antichrist", (2000), S. 287.

[64]Celsus: Gegen die Christen (aus dem Griechischen von Theodor Keim), mit Beiträgen von Korff, F: W. und Fuhrmann, Ernst, (1991), S. 71, „Sein verderbliches Wort hat diese Menschen betrogen (1,26), freilich bei seinem idiotischen Charakter und seinem Mangel an Vernunftgründen fast nur unter Unwissenden Macht gewonnen, [...]".

[65]Dibelius, Martin: Der psychologische Typus des Erlösers bei Friedrich Nietzsche, *in* Deutsche Vierteljahresschrift für Literaturwissenschaft und Geistesgeschichte, Jg. 22, (1944), S. 61-91, S. 67: „Diese Belege aus den Jahren 1790, 1826, 1860, 1875 zeigen zur Genüge, dass das Wort Idiot als Bezeichnung eines Menschen ohne Kultur verstanden und weitergegeben wurde."

[66]Roos, Richard: Regeln zu einer philologischen Lesung Nietzsches, *in* Nietzsche- kontrovers, (1987), Band 6, S. 30, „[..], als daß das Wort ‚Idiot' für Nietzsche über den milderen Sinn hinaus, den man von Dostojewski ableiten wollte, den Schimpfwert besaß, den ihm die Umgangssprache gibt? [..]und ohne ausdrücklichen Hinweis auf Dostojewski, der damals in Deutschland sowieso nicht bekannt war,

Josef Hofmiller, der die bis dahin unterdrückte Stelle im *Antichrist* erstmalig zugänglich machte, sieht in der Verwendung dieses Begriffes einen wesentlichen Beitrag zu Nietzsches Krankheitsbild. Als Begründung für die Unterdrückung durch das Nietzsche-Archiv gilt ihm die Befürchtung, jeder Leser hätte Nietzsche für irrsinnig gehalten, wenn er dies gelesen hätte.[67] Dieses Urteil von *Hofmiller* zeigt deutlich, dass noch 1931 diese Stelle als so unerhört angesehen wurde, dass "man sich dagegen nicht anders als mit der Pathologisierung des Tabubrechers behelfen konnte."[68]

Einen ganz anderen Ansatz vertritt der Theologe *Eugen Biser*, dessen Interpretation von *Sommer* als "beherzigenswert"[69] bezeichnet wird.

2.5 Eugen Bisers Interpretation des Begriffs "Idiot" in Verbindung mit Jesus

Sommer zufolge fällt die "Kritik an Jesus, gemessen an seiner Christentumskritik [...] ungleich zurückhaltender"[70] auf.

Biser habe auf Nietzsches Selbstcharakterisierung in *Ecce homo*, *Warum ich ein Schicksal bin*, hingewiesen. Dort heißt es in §1: "Ich will kein Heiliger sein, lieber noch ein Hanswurst [..]."[71] Nach *Sommers* Meinung hat *Biser* in dieser Aussage eine Parallelität zu "Jesus als Idiot" erblickt.[72]

Nietzsche selbst hat sich als "Hanswurst" und zuletzt als "Possenreißer der neuen Ewigkeit"[73] gesehen. In diesen Zusammenhang könne, *Biser* zufolge, auch "die Bezeichnung Jesu als 'Idiot'" gestellt, und ihr damit die polemische Schärfe genommen werden. Denn Nietzsche laste Jesus damit nur das an, "was er sich mit der Narrenrolle selbst auferlegte."[74] Doch warum schlüpft er in die Rolle des Narren? In *Ecce homo* § 1 sagt er im Zusammenhang mit der Maske des Hanswurst:

---

sollte das Wort einen Schock verursachen, was ja der Absicht des Pamphletisten, der Nietzsche geworden war, vollkommen entsprach."

[67]Hofmiller, Josef: Nietzsche, *in*. Süddeutsche Monatshefte, Jg. 29, Heft 2, (1931), „Und im Jahre 88, in welchem das Wort ‚Idiot' in den Schriften Nietzsches eine unheimliche Rolle spielt, vergißt er sich soweit, es sogar auf den Stifter des Christentums anzuwenden [...] Diese Stelle musste endlich einmal zitiert werden, weil sie einen wesentlichen Beitrag zum Krankheitsbilde darstellt. Warum ist sie bisher immer unterdrückt worden? Offenbar, weil sich jeder Leser gesagt hätte: Der Mann, der das schrieb, war irrsinnig. Und irrsinnig durfte Nietzsche nicht gewesen sein."
[68]Sommer, Andreas Urs: Friedrich Nietzsches "Der Antichrist", (2000), S. 287.
[69]Sommer, Andreas Urs: Friedrich Nietzsches "Der Antichrist", (2000), S. 292.
[70]Sommer, Andreas Urs: Friedrich Nietzsches "Der Antichrist", (2000), S. 292.
[71]Nietzsche, Friedrich: KSA 6, Ecce homo, (1999), S. 365.
[72]Sommer, Andreas Urs: Friedrich Nietzsches "Der Antichrist", (2000), S. 292.
[73]Brief von Franz Overbeck an Heinrich Köselitz vom 15. Jan. 1889, *in* (Hg.: Hoffmann, David Marc, Niklaus, Peter, Salfinger, Theo): Franz Overbeck-Heinrich Köselitz (Peter Gast) Briefwechsel. (1998), S. 206, Biser, Eugen: Nietzsche für Christen, (2000), S. 67.
[74]Biser, Eugen: Nietzsche für Christen, (2000), S. 63.

"trotzdem redet aus mir die Wahrheit."[75] *Biser* schreibt, dass es für Nietzsche Wahrheiten gibt, "die nicht aus der Position des Lehrers oder Künders, sondern nur unter der Maske des Außenseiters, der skurrilen Randfigur zur Sprache gebracht werden können." Es handele sich dabei um Erkenntnisse, die ihrer Größe oder aktuellen Aussagekraft wegen den Horizont des Durchschnittsmenschen übersteigen.[76]

Im *Antichrist* lässt Nietzsche, *Bisers* Aussage nach, seiner Aggressivität dem Christentum gegenüber "vollen Lauf,"[77] dies mit völlig enthemmten Schlußsätzen,[78] indem er das Christentum in § 62 als "den Einen unsterblichen Schandfleck der Menschheit bezeichnet."[79] Jedoch ereigne sich in diesem Werk eine verhohlene und gebrochene Identifikation mit dem Gegner. Im Bewusstsein von Jesus Sonderstellung nimmt er ihn aus seiner Kritik heraus, um sich schließlich, mit *Jaspers* gesprochen, „in ihn zu verwandeln."[80] Am Schluß von *Ecce homo* führe diese Identifikation dahin, dass sich Nietzsche in die Rolle des frohen Botschafters förmlich hineinspiele. Für *Biser* verdeutlicht sich dies durch die Aussage Nietzsches in §1:

"Ich bin ein froher Botschafter, wie es keinen gab [...]; erst von mir an giebt es wieder Hoffnungen."[81]

Nietzsche rühre damit nicht nur an jene Bereiche christologischer Identifikationen "in welchen Jesus die Wahrheit (Joh. 14,6), die Weisheit (1 Kor. 1,30) der Friede (Eph 2,14) und die Hoffnung (Kol. 1,27) genannt wird;" sondern, darüber hinaus werde die Identifikation von Nietzsche sogar soweit getrieben, dass er sich gleichsam selbst "zu einem Hoffnungsprinzip" erklärt.[82] Die dieser Aussage vorangehende Feststellung in §1: "Ich will kein Heiliger sein, lieber noch ein Hanswurst"[83], lässt, *Bisers* Meinung nach, auf ein Erschrecken Nietzsches über eine derartig intensive Identifikation mit Jesus schließen.[84] Diese intensive Identifikation

[75]Nietzsche, Friedrich: KSA 6, Ecco homo, (1999), S. 365.
[76]Biser, Eugen: Nietzsche für Christen, (2000), S. 63.
[77]Biser, Eugen: Nietzsche für Christen, (2000), S. 52.
[78]Biser, Eugen: Nietzsche für Christen, (2000), S. 54.
[79]Nietzsche, Friedrich: KSA 6, Der Antichrist, (1999), S. 253.
[80]Biser, Eugen: Nietzsche, Zerstörer oder Erneuerer des Christentums, (2002), S. 21, Jaspers, Karl: Nietzsche und das Christentum, (1952), S. 73 „Es ist bei Nietzsche immer wieder nach dem Kampfe, ja im Kampfe schon wie ein Aufhören des Kampfes, wenn er den Gegner mit einbezieht, sich gleichsam in ihn verwandelt, ihn nicht vernichten will."
[81]Nietzsche, Friedrich: KSA 6, Ecco homo, (1999), S. 366.
[82]Biser, Eugen: Nietzsche für Christen (2000), S. 61, 62.
[83]Nietzsche, Friedrich: KSA 6, Ecce homo, (1999), S. 365.
[84]Biser, Eugen: Nietzsche für Christen: (2000) S. 62.

16

Nietzsches nimmt mit seinem Hinübergleiten in den Wahnsinn derartig zu, dass er in der Jesusgestalt förmlich aufgeht und die Nachfolge des toten Gottes antritt. An den Rand des Wahnsinnsbriefes an *Jacob Burckhardt* notiert Nietzsche, dass er „voriges Jahr von den deutschen Ärzten auf eine sehr langwierige Weise gekreuzigt worden"[85] sei und sie schließt ab mit dem Pseudonym "Der Gekreuzigte," mit dem Nietzsche seine letzten Wahnsinnsbriefe unterschreibt.[86]

3. Schlussbetrachtung

Die Ansichten darüber, welche Intention Nietzsche für die Anwendung des Begriffs "Idiot" auf Jesus gehabt haben mag, differieren in ihrer Beurteilung. Sie reichen von der Psychologie des Erlösers als Herausstellung eines besonderen Typus, über den Vergleich mit einem décadent und einem infantilen naiven Menschen bis hin zu einem Schwachsinnigen. *Sommers* Ausführungen ist zu entnehmen, dass Nietzsche an einer Entgöttlichung durch Vermenschlichung, an einem Zurückholen Jesu in die Immanenz gelegen war. Zu diesem Zweck habe er diesen unter Zuhilfenahme von Physiologie und Psychologie pathologisiert. *Roos* geht aus von der Annahme einer bewusst eingesetzten Beschimpfung mit dem Ziel, den Leser zu schockieren, während *Hofmiller* in der Krankheit Nietzsches den einzigen Grund für den Gebrauch des Begriffs 'Idiot', auf Jesus angewendet, sieht.

Im Gegensatz dazu kommt *Biser* zu der Einschätzung, dass die Beziehung Nietzsches zu Jesus durch eine fortschreitende Identifikation geprägt ist. Unter die vielen Masken Nietzsches sei auch der 'Idiot' einzuordnen. Diese Einschätzung *Bisers* kann, in diesem Zusammenhang gesehen, dem Begriff 'Idiot' die polemische Schärfe nehmen.

---

[85]Nietzsche, Friedrich: KGB III/5, S. 579, Biser, Eugen: Nietzsche für Christen (2000), S. 67.
[86]Nietzsche, Friedrich: KGB III/5, S. 572-577, Biser, Eugen: Nietzsche für Christen (2000), S. 67,

17

4. Literaturliste

Biser, Eugen, Nietzsche für Christen, Koblenz 2000, Leutesdorf.

Biser, Eugen, Nietzsche, Zerstörer oder Erneuerer des Christentums?, Darmstadt 2002, Wissenschaftliche Buchgesellschaft.

Bleuler, Eugen, Lehrbuch der Psychiatrie, 11. Auflage, Berlin, Heidelberg, New York 1969, Springer.

Celsus, Gegen die Christen, (aus dem Griechischen von Keim, Theodor), mit Beiträgen von Korff F. W., Fuhrmann, Ernst, München 1991, Matthes & Seitz.

Dibelius, Martin: Der „psychologische Typus des Erlösers" bei Friedrich Nietzsche, in Kluckhohn, Paul, Rothacker, Erich (Hg.): Deutsche Vierteljahrsschrift für Literaturwissenschaft und Geistesgeschichte 22. Jg., Halle/Saale 1944, Max Niemeyer.

Dostojewski, Fjodor M. Briefe, München 1914, Piper & Co.

Dostojewski, Fjodor M., Der Idiot, München 1958, Piper & Co.

Guardini, Romano, Religiöse Gestalten in Dostojewskijs Werk, 7. Auflage, München 1989, Kösel.

Heine, Heinrich, Sämtliche Werke, Zweiter Band, Elster, Ernst (Hg.) Meyers Klassiker Ausgaben, Leipzig und Wien (o. J.), Bibliographisches Institut.

Hofmiller, Josef, Nietzsche, Süddeutsche Monatshefte, 29. Jahrgang, Heft 2, München 1931, Süddeutsche Monatshefte GmbH.

Jaspers, Karl, Nietzsche und das Christentum, München 1952, R. Piper & Co.

Kindler Neues Literaturlexikon, Band 4, Jens, Walter (Hg.), München 1989, Kindler.

Kluge, Friedrich, Etymologisches Wörterbuch der deutschen Sprache, 19. Auflage, Berlin 1963, Walter de Gruyter.

Löwith, Karl, Von Hegel zu Nietzsche, Hamburg 1995, Felix Meiner.

Meier-Graefe, Julius, Dostojewski, Der Dichter, Frankfurt a. M. 1988, Insel Verlag.

Nietzsche, Friedrich, Kritische Studienausgabe, Band 6, (KSA), München 1999, Deutscher Taschenbuch Verlag GmbH & Co KG.

Nietzsche, Friedrich, Kritische Studienausgabe, Band 13, (KSA), München 1999, Deutscher Taschenbuch Verlag GmbH & Co KG.

Nietzsche, Friedrich, Kritische Gesamtausgabe, Band 5, (KGB), Berlin, New York 1984, Walter de Gruyter.

Overbeck, Franz, Köselitz, Heinrich (Peter Gast), Briefwechsel, Hoffmann, David Marc, Peter, Niklaus, Salfinger, Theo (Hg.), Berlin New York 1998, Walter de Gruyter.

Peters, Uwe Henrik, Wörterbuch der Psychiatrie und medizinischen Psychologie, 2. Auflage, München, Wien, Baltimore 1977, Urban & Schwarzenberg.

Peters, Uwe Henrik, Lexikon Psychiatrie Psychotherapie Medizinische Psychologie, 5. Auflage, München Jena 2000, Urban & Fischer.

Ries, Wiebrecht, Nietzsche zur Einführung, 5. Auflage, Hamburg 1995, Junius.

Roos, Richard, Regeln zu einer philologischen Lesung Nietzsches in Berlinger, Rudolph, Schrader, Wiebke, (Hg.), Nietzsche kontrovers, Band 6, Würzburg 1987, Königshausen + Neumann.

Sommer, Andreas Urs, Friedrich Nietzsches "Der Antichrist", Basel 2000, Schwabe & Co.

Ziolkowski, Theodore, Das Amt der Poeten, Die deutsche Romantik und ihre Institutionen, München 1994, Deutscher Taschenbuch Verlag GmbH & Co.